Anja Ritterhoff

Der Herbst ist schön!

Fensterbilder aus Tonkarton

frechverlag

Im frechverlag sind viele Bücher mit tollen Bastelideen erschienen. Hier eine kleine Auswahl

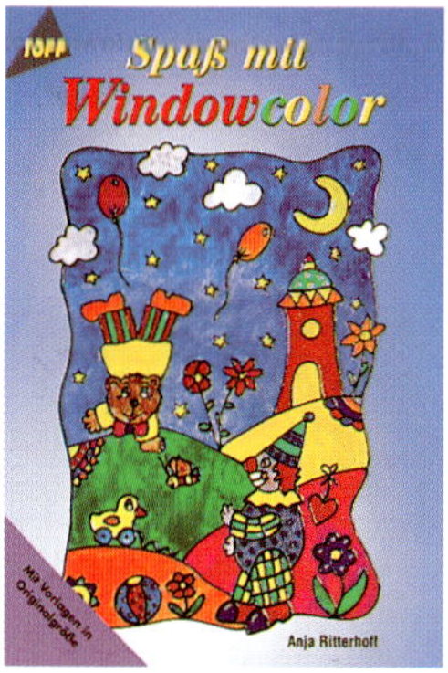

TOPP 2482

TOPP 2456

TOPP 2367

TOPP 2496

TOPP 2439

TOPP 2453

Fotos: frechverlag GmbH + Co. Druck KG, 70499 Stuttgart;
Fotostudio Ullrich & Co., Renningen

Dieses Buch enthält:
2 Vorlagenbogen

Auflage: 5. 4. 3. | Letzte Zahlen
Jahr: 2003 2002 2001 2000 1999 | maßgebend

ISBN 3-7724-2495-3 · Best.-Nr. 2495
Druck: frechverlag GmbH + Co. Druck KG, 70499 Stuttgart

Jetzt wird es wieder Herbst!

Nachbars Hund tobt fröhlich im Herbstlaub umher, die Biene in der Kastanienschale genießt die tief stehende Herbstsonne und der kleine Bär möchte endlich auch einmal hoch in die Lüfte wie sein Freund, der Drachen. Das Rabenpärchen hält einen kleinen Plausch, während die Maus mit dem Storch in den warmen Süden fliegt. Schmücken Sie Ihre Wohnung mit frechen Vogelscheuchen, witzigen Kartoffelmännchen, einem niedlichen Eichhörnchen oder lachendem Obst. Eine bunte Schar lustiger Gesellen führt Sie mit guter Laune durch die Herbstzeit.

Schöne Herbsttage wünscht Ihnen

Ihre
Anja Ritterhoff

Material und Werkzeug

Wenn Sie Ihre Fenster mit den fröhlichen Figuren aus diesem Buch schmücken möchten, benötigen Sie:

- ♣ Tonkarton in verschiedenen Farben
- ♣ Architektenpapier
- ♣ Dünne Pappe für Schablonen
- ♣ Bleistift
- ♣ Radiergummi
- ♣ Lineal
- ♣ Kreisschablone
- ♣ Schere
- ♣ Bastelmesser/Cutter mit Unterlage
- ♣ Dünne Filzstifte in Hellblau, Hellgrün und Schwarz
- ♣ Einen wasserfesten Filzstift in Schwarz
- ♣ Buntstifte in Braun, Gelb und Orange
- ♣ Einen Pluster-Pen oder einen Lackstift in Weiß
- ♣ Klebstoff (z. B. UHU extra oder UHU Alleskleber)
- ♣ Nadel und Faden zum Aufhängen

So wird's gemacht

Herstellung der Augen

1. Die Augen werden mit Hilfe der Schablone mit einem Bleistift auf den weißen Karton gezeichnet.

2. Ein großer und ein kleiner Kreis werden nun in das Auge gemalt.

3. Die innere Fläche mit schwarzem Filzstift ausmalen, dabei den Glanzpunkt weiß lassen.

4. Um das Auge wird zum Schluss eine Linie mit dem hellblauen Filzstift gezogen. Danach die Augen ausschneiden und auf dem gewünschten Motiv mit Klebstoff fixieren.

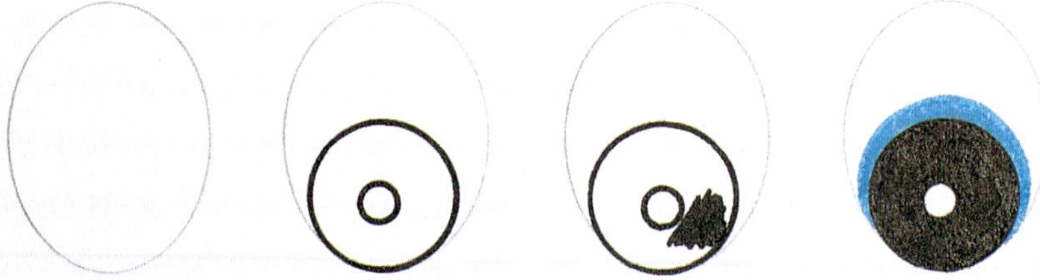

Fertigung der Fensterbilder

1. Das Architektenpapier wird auf den Vorlagenbogen gelegt. Mit einem Bleistift werden nun alle benötigten Teile ohne Überschneidungen abgepaust.

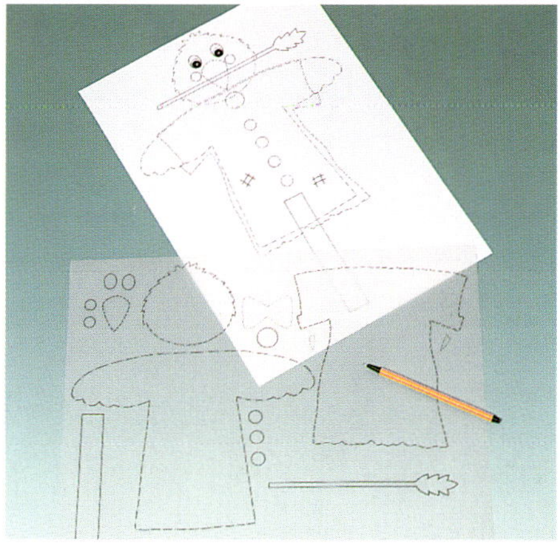

2. Das Architektenpapier danach auf eine dünne Pappe kleben und alle Einzelteile sauber ausschneiden. Dies sind Ihre Schablonen. Diese werden auf Tonkarton in der benötigten Farbe gelegt und mit einem Bleistift umfahren.

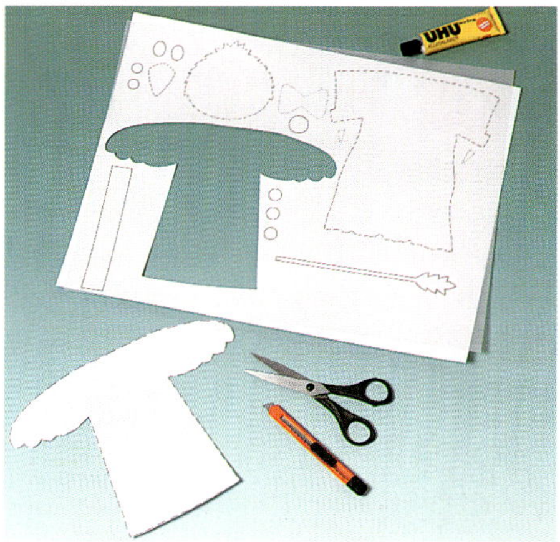

3. Alle Teile sauber ausschneiden und zu dem Motiv zusammenkleben. Orien tieren Sie sich dabei am Foto und an der Vorlage. Zum Schluss alle Punkte und Linien einzeichnen, evtl. noch Augen anfertigen und auf dem Motiv befestigen.

Flotte Herbstkäfer

Till, der grüne Käfer

Auf das dunkelbraune Blatt wird der Blattstängel aufgesetzt. Den Käferkörper von hinten anbringen und die Hände auf dem Blatt fixieren. Die gelben Punkte nicht vergessen!

Motivhöhe ca. 17 cm

Tim, der braune Käfer

Platzieren Sie das dunkelgrüne Blatt auf dem hellgrünen. Dann den schwarzen Körper so befestigen, dass sich der Käfer am Blatt festhält. Den Flügel von vorne anbringen, das hintere Flügelteil von hinten am Flügel fixieren und die gelben Punkte aufkleben.

Motivhöhe ca. 18 cm

Till und Tim

Jetzt werden die Köpfe hergestellt und fixiert. Jeder Kopf bekommt eine schwarze Kappe und zwei schwarze Fühler. Die Nase platzieren und die orangefarbenen Wangen mit einem Buntstift aufzeichnen. Das bemalte Auge (Anleitung Seite 4) aufsetzen. Alle schwarzen Linien einzeichnen und mit weißem Pluster-Pen die Lichtpunkte setzen.

Schau, was ich gefunden habe!

Den dreiteiligen Fliegenpilz zusammensetzen, mit weißen Punkten versehen und unter den linken Flügel der Eule schieben. Die dunkelbraunen Flügel auf den mittelbraunen Brustfedern fixieren, dann ergänzen Sie den dunkelbraunen Körper von hinten. Den Kopf aufkleben und die grüne Augenpartie anbringen. Nun die Augen herstellen (Anleitung Seite 4), zum Umrahmen anstelle des hellblauen Filzstifts den hellgrünen verwenden. Die fertig bemalten Augen auf dem Kopf befestigen und den dreiteiligen Schnabel hinzufügen.
Zum Schluss werden die Füße platziert und alle Linien aufgemalt.

Motivhöhe
ca. 32 cm

Rosi und Rolf, die Vogelscheuchen

Ob Rabenscheuchen die erfolgreicheren Vogelscheuchen sind?
Auf den Rabenkörper wird das Kleid geklebt. Die andersfarbigen Ärmelteile anbringen und die Knöpfe platzieren. Den Holzbalken hinter das Kleid kleben.
Nun die Augen herstellen (Anleitung Seite 4), bemalen und auf dem Kopf anbringen.
Eine Kornähre seitlich über das Gesicht legen und mit dem Schnabel befestigen. Die orangefarbenen Wangen platzieren.
Bei Rosi wird nun der Kopf auf das Kleid geklebt und dann die Schleife angebracht. Rolf erhält zuerst sein Halstuch, auf dem dann der Kopf platziert wird.
Alle Linien einzeichnen.

Motivhöhe ca. 42 cm

Lachendes Obst

Die Nase bei Apfel und Birne als erstes platzieren. Die bemalten Augen (Anleitung Seite 1) und die orangefarbenen Wangen aufkleben. Das Gesicht fertig bemalen. Die Birne erhält noch einen weißen Zahn. Die Lichtpunkte mit weißem Pluster-Pen oder Lackstift aufsetzen. Zum Schluss die schwarzen Teile ankleben.

Witziger Kürbis

Mit dem gelben Buntstift die Konturen des Kürbisses einzeichnen. Nun platzieren Sie die bemalten Augen (Anleitung Seite 4). Die Nase, die Wangen und die Blätter zufügen, alle Linien einzeichnen. Einen Lichtpunkt auf die Nase setzen, fertig!

Motivhöhe ca. 20 cm

Hier gefällt es mir!

Motivhöhe ca. 17 cm

Auf die grüne Kastanie kleben Sie die beigefarbene Innenschale. Jetzt befestigen Sie den Bienenkörper mit den schwarzen Streifen so, dass Sie später noch die Beine unterschieben können. Der hellbraune Kastanienrand wird jetzt ein Stück über den Bienenkörper geklebt. Dann erhält die Kastanie ihre Stacheln.
Das Gesicht zusammensetzen und bemalen. Den Kopf mit den Fühlern auf den Körper kleben. Die Beine und Arme einfügen. Nun bekommt die kleine Biene noch ihre Schuhe. Mit dem Pluster-Pen oder einem Lackstift weiße Lichtpunkte auf die Fühler, die Nase und die Schuhe setzen.

Blattsalat

Zuerst den Besen zusammensetzen. Das hellbraune Holzteil auf die grauen Borsten kleben. Den dunkelbraunen Rand anbringen und den Besenstiel befestigen.
Eine Raupe um den Stiel winden, eine links auf den Besen kleben und die dritte durch das Blatt schauen lassen. Die bemalten Augen (Anleitung Seite 4) fixieren, mit dem Buntstift orangefarbene Wangen malen und die Beine anbringen. Die Blätter platzieren und alle Linien einzeichnen.

Motivhöhe
ca. 34 cm

Eine leckere Mahlzeit!

Zuerst kleben Sie das bemalte Auge (Anleitung Seite 4), die Nase und die Wange des Wildschweins auf. Das mittelbraune Gesichtsteil nun auf dem dunkelbraunen Kopf anbringen.

Zeichnen Sie alle Linien ein. Die Keiler beidseitig platzieren. Das Innenohr fixieren. Die hinteren Beine anfügen. Das Wildschwein auf die grüne Fläche stellen. Mit dem Pluster-Pen oder einem Lackstift weiße Lichtpunkte auf die Füße setzen.
Die Eicheln zusammenkleben und über den Waldboden verteilen.

Motivhöhe ca. 22 cm

Was für ein schöner Zapfen!

Hinter dem Kopf zuerst das linke Ohr befestigen, dahinter den linken Arm. Das rechte Ohr auf den Körper kleben und das Innenohr fixieren. Die weiße Mundpartie anbringen. Die Nase, die Wange und das bemalte Auge (Anleitung Seite 4) aufkleben. Alle Linien einzeichnen. Den Tannenzweig mit dem bemalten Zapfen fixieren, dabei den Körper so platzieren, dass der rechte Arm und der Kopf über dem Zweig liegen. Die Zehen ergänzen.

Motivhöhe
ca. 29 cm

Was für ein schöner Herbsttag!

Hinter den Ast kleben Sie zuerst die Rabenkörper. Nun den Ast mit den Blättern schmücken.
Die Flügel platzieren und die Krallen anbringen. Die Krawatte und die Schleife aufkleben. Den Kopf des Männchens auf den Körper kleben. Die Schnäbel zusammenfügen und auf den Kopf setzen. Die Wangen und die bemalten Augen (Anleitung Seite 4) ergänzen. Das Oberteil des Hutes in die Krempe schieben, dann die dunkelgrünen Teile aufsetzen und den Hut auf dem Rabenkopf befestigen. Die Schnabellöcher einzeichnen und mit Pluster-Pen oder einem Lackstift einen Lichtpunkt auf den Hut setzen.

Wer bist denn du?

Der Drachen erhält eine dicke rote Knollennase, bemalte Augen (Anleitung Seite 4) sowie zwei orangefarbene Wangen als Gesicht. Den Mund aufmalen und alle Linien einzeichnen. Nun die Schleifen anbringen: über den roten Streifen liegt das grüne Schleifenband, dann folgt der blaue Punkt. Den blauen Drachenschwanz unter der unteren Schleife befestigen.

Ziehen Sie dem Bären die rote Jacke an. Die Knöpfe und die Tasche aufkleben. Die bemalte Schnauze mit der schwarzen Stupsnase auf dem Kopf fixieren. Die Wange und die bemalten Augen (Anleitung Seite 4) hinzufügen. Alle restlichen Linien einzeichnen und das Innenohr mit einem braunen Buntstift ausmalen. Den linken Arm anbringen. Nun den Drachenschwanz zwischen den linken Arm und die rechte Pfote legen. Die linke Pfote aufkleben.

Motivhöhe
ca. 49 cm

Tanzende Kartoffeln

Die bemalten Augen (Anleitung Seite 4), die rote Nase und die orangefarbenen Wangen als Gesicht auf jede Kartoffel kleben. Alle Linien einzeichnen.
Mit einem braunen Buntstift die Kartoffelflecken aufmalen. Helle Triebe als Arme auf die Kartoffeln setzen, weitere Triebe werden als Beine von hinten ergänzt. Mit Pluster-Pen oder Lackstift den weißen Lichtpunkt auf die Nase setzen.

Wer kommt denn da?

Die blaue Hose auf den schwarzen Körper kleben. Darüber und dahinter den Maulwurfshügel platzieren. Zeichnen Sie das Auge (Anleitung Seite 4) direkt auf das Gesicht auf. Nun bringen Sie die orangefarbene Wange und die rosa Nasenspitze an und zeichnen alle Gesichtskonturen ein. Dann wird das weiße Gesichtsteil auf den Kopf geklebt.
Den Hut zusammensetzen und von hinten am Kopf befestigen.
Die Schaufel zusammenfügen, bemalen und mit dem Stiel in der Hand des Maulwurfs fixieren. Mit einem Pluster-Pen oder einem Lackstift weiße Lichtpunkte auf den Hut, die Nase und die Schaufel setzen.

Die kleine Maus mit ihren Freunden

Das beigefarbene Teil auf den Pilzstängel kleben und diesen dann auf den unteren Lamellen des Pilzes befestigen. Die rote Pilzkappe aufkleben und die weißen Punkte platzieren.

Die Maus bekommt zuerst ihr linkes Ohr und ihr linkes Bein. Das rosa Innenohr, die schwarzen Haare, die schwarze Nasenspitze und die orangefarbene Wange anbringen. Das bemalte Auge (Anleitung Seite 4) aufkleben und alle Linien einzeichnen.

Motivhöhe ca. 27 cm

Die drei Schnecken bekommen ihr Haus und werden bemalt. Die Wangen werden mit einem orangefarbenen Buntstift eingezeichnet. Die Maus und den Pilz auf die Wiese setzen. Die Grasbüschel fixieren, die Schnecken platzieren und mit Pluster-Pen oder Lackstift Lichtpunkte auf die Schneckenaugen und die Nasenspitze der kleinen Maus tupfen.

Wir fliegen in den Süden

Beginnen Sie mit dem Storch: Er bekommt zuerst die schwarzen Flügelteile von hinten angeklebt. Nun den Schnabel und die Beine hinzufügen. Das Auge (Anleitung Seite 4) wird direkt auf den Kopf gemalt, dann werden alle restlichen Linien eingezeichnet. Ziehen Sie der Maus die blaue Hose an. Die Nase, das bemalte Auge (Anleitung Seite 4), das rosa Innenohr und den Flicken aufsetzen. Die orangefarbene Wange mit einem Buntstift aufmalen und alle Linien hinzufügen.
Nun können Sie die Maus auf den Storch setzen und schon beginnt die weite Reise.

Motivhöhe
ca. 26 cm

Das schmeckt!

Pieks, der Igel

Der Igel wird mit den Stacheln versehen und auf den hellbraunen Körper geklebt. Nun fügen Sie die Füße von hinten an. Die Wange, die Nase und die bemalten Augen (Anleitung Seite 4) aufkleben und alle Linien einzeichnen.
Das Innenohr wird mit einem Buntstift aufgemalt. Den Apfel zusammensetzen und den Igel obenauf platzieren.
Den Lichtpunkt mit Pluster-Pen oder einem Lackstift auf die Nase tupfen.

Motivhöhe ca. 15 cm

Lena, die Maus

Zuerst fertigen Sie das Obst, das aus mehreren Teilen besteht. Den kleinen Wurm auf den roten Apfel setzen, den Mäuseschwanz und das Blatt anbringen. Nun erhält die Maus ihre rosa Innenohren. Die Nasenspitze fixieren und die Zähne von hinten daneben platzieren.

Den Mäusekopf so auf den Apfel kleben, dass sich die Schnauze über dem angeknabberten, beigefarbenen Teil befindet. Die Pfoten und die Haare ergänzen. Die bemalten Augen (Anleitung Seite 4) nicht vergessen und alle Linien einzeichnen.

Motivhöhe ca. 24 cm

Das macht Spaß!

Zuerst das weiße Bauchfell auf den Körper kleben. Die hinteren Beine und das linke Ohr aus dunklerem Tonkarton fertigen und fixieren. Die vorderen Beine und den Schwanz befestigen. Den dunkelgrünen Laubhaufen auf dem Hundekörper anbringen. Das rechte Ohr ergänzen. Die hellen Tatzen platzieren. Die Nase, das bemalte Auge (Anleitung Seite 4) und die orangefarbene Wange aufkleben. Alle Linien einzeichnen.
Mit dem Pluster-Pen oder einem Lackstift einen Lichtpunkt auf die Nase setzen.
Zum Schluss werden alle Blätter bunt über den dunkelgrünen Laubhaufen verteilt. Wenn Sie möchten, können Sie auch noch einige Blätter über dem Hund fixieren.

Motivhöhe ca. 28 cm

Verliebtes Drachenpärchen

Den Drachenschwanz von hinten an die Drachen kleben. Die beiden Verliebten mit dem roten Herz verbinden. Alle Schleifen anbringen und die andersfarbigen Punkte aufsetzen.
Jeder Drachen erhält eine dicke Nase, orangefarbene Wangen, bemalte Augen (Anleitung Seite 4) und einen roten Mund. Alle Linien einzeichnen und mit Pluster-Pen oder einem Lackstift einen Lichtpunkt auf die Nasen geben.

Hamster im Kornfeld

(Abbildung Seite 32)

Auf dem blauen Himmel die Erde fixieren. Nun das Hamsterloch aufkleben. Alle Ähren zusammensetzen und platzieren. Das weiße Bauchfell und die rote Schleife auf den Körper des Hamsters kleben. Auf der linken Hand die beigefarbene Innenfläche anbringen. Mit der rechten Hand hält der Hamster eine Ähre. Die Innenohren, die bemalten Augen (Anleitung Seite 4), die Nase und die Zähne aufkleben. Das Gesicht mit allen Konturen versehen. Mit Pluster-Pen oder einem weißen Lackstift einen Lichtpunkt auf die Nase setzen und mit einem gelben Buntstift die Ähren vervollständigen.

Motivhöhe
ca. 38 cm

Hamster im Kornfeld

(Anleitung Seite 30)

Motivhöhe ca. 36 cm